e school - اسکول	
e reis - سفر	
et transport - نقل وحمل	
e stad - شہر	
et landschap - منظر	
et restaurant - ریستورنٹ	
e supermarkt - سُپرمارکیٹ	20
e dranken - مشروبات	22
et eten - کھانے کی اشیاء	23
e boerderij - کھیت	27
et huis - مکان	31
e woonkamer - لوونگ روم	33
e keuken - باورچی خانہ	35
e badkamer - غُسل خانہ	38
e kinderkamer - بچوں کا کمرہ	42
e kleding - لباس	44
et kantoor - دفتر	49
e economie - معیشت	51
e beroepen - پیشے	53
et gereedschap - اوزار	56
e muziekinstrumenten - آلات موسیقی	57
e dierentuin - چڑیا گھر	59
e sport - کھیلیں	62
e activiteiten - سرگرمیاں	63
e familie - خاندان	67
et lichaam - جسم	68
et ziekenhuis - بسپتال	72
et noodgeval - ہنگامی صورتحال	76
e aarde - زمین	77
e klok - کلاک	79
e week - ہفتہ	80
et jaar - سال	81
e vormen - اشکال	83
e kleuren - رنگ	84
e tegenstellingen - مخالف	85
e getallen - اعداد	88
e talen - زبانیں	90
vie / wat / hoe - کون / کیا / کیسے	91
vaar - کہاں	92

mpressum
Verlag: BABADADA GmbH, Nedderfeld 112 , 22529 Hamburg
Geschäftsführer / Verlagsleitung: Harald Hof
Druck: Books on Demand GmbH, In de Tarpen 42, 22848 Norderstedt

mprint
Publisher: BABADADA GmbH, Nedderfeld 112 , 22529 Hamburg, Germany
Managing Director / Publishing direction: Harald Hof
Print: Books on Demand GmbH, In de Tarpen 42, 22848 Norderstedt, Germany

de school

اسکول

het klaslokaal
کمرہ جماعت
delen
تقسیم کریں
het bord
بورڈ
de leraar
استاد
het schoolplein
سکول کا صحن
het papier
کاغذ
schrijven
لکھنا
de pen
قلم
het bureau
میز
de lineaal
پیمانہ
het boek
کتاب
de lee
شاگرد

de schooltas

بستہ

de etui

پینسل کیس

het potlood

پینسل

de puntenslijper

پینسل شارپنر

de gum

ربڑ

het beeldwoordenboek

بصری لغت

2 de school - اسکول

het schetsblok

....

ڈرائنگ پیڈ

de tekening

....

ڈرائنگ

het penseel

....

پینٹ برش

de verfdoos

....

پینٹ باکس

de schaar

....

قینچی

de lijm

....

گوند

het schrift

....

مشق کی کاپی

het huiswerk

....

ہوم ورک

het getal

....

ہندسہ

optellen

....

جمع کریں

aftrekken

....

منفی کریں

vermenigvuldigen

....

ضرب دیں

rekenen

....

شمارکریں

de letter

....

خط

het alfabet

....

حروف تہجی

het woord لفظ	de tekst متن	lezen پڑھنا
het krijt چاک	de les سبق	het klassenboek اندراج
het examen امتحان	het diploma سند	het schooluniform سکول یونیفارم
de opleiding تعلیم	de encyclopedie انسائیکلوپیڈیا	de universiteit یونیورسٹی
de microscoop خورد بین	de kaart نقشہ	de prullenmand ویسٹ پیپر باسکٹ

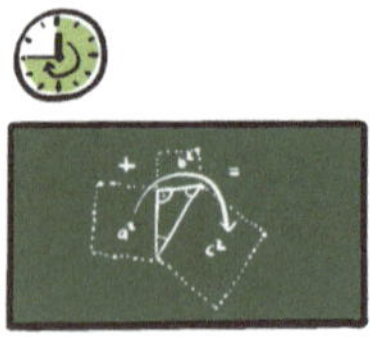

4   de school - اسکول

de reis
سفر

- het hotel — ہوٹل
- het hostel — ہاسٹل
- het wisselkantoor — رقم تبدیل کرانے کیلئے دفتر
- de koffer — سوٹ کیس
- de auto — کار

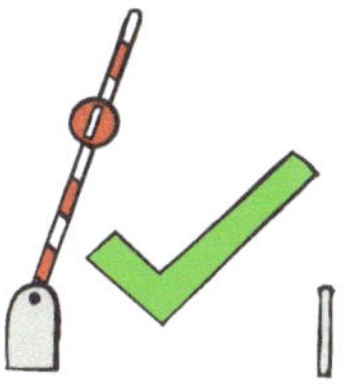

de taal	ja / nee	oké
زبان	ہاں / نہیں	ٹھیک ہے
Hallo!	de tolk	Bedankt.
ہیلو	مُترجم	شُکریہ

de reis - سفر

Wat kost ...?	Ik begrijp het niet.	het probleem
؟ــــ کی کیا قیمت ہے؟	میں نہیں سمجھتا	مشکل
Goedenavond!	Goedemorgen!	Goedenacht!
شام بخیر!	صبح بخیر!	شب بخیر!
Tot ziens!	de richting	de bagage
الوداع	سمت	سفری سامان
de tas	de rugzak	de gast
بیگ	بیگ پیک	مہمان
de kamer	de slaapzak	de tent
کمرہ	سلیپنگ بیگ	ٹینٹ

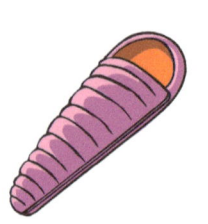

de reis - سفر

het VVV-kantoor	het strand	de creditkaart
سیاحوں کے لئے معلومات	ساحل	کریڈٹ کارڈ

het ontbijt	de lunch	het diner
ناشتہ	لنچ	ڈنر

het kaartje	de lift	de postzegel
ٹکٹ	لفٹ	مہر

de grens	de douane	de ambassade
سرحد	کسٹمز	سفارت خانہ

het visum	het paspoort	
ویزا	پاسپورٹ	

de reis - سفر

het transport
نقل وحمل

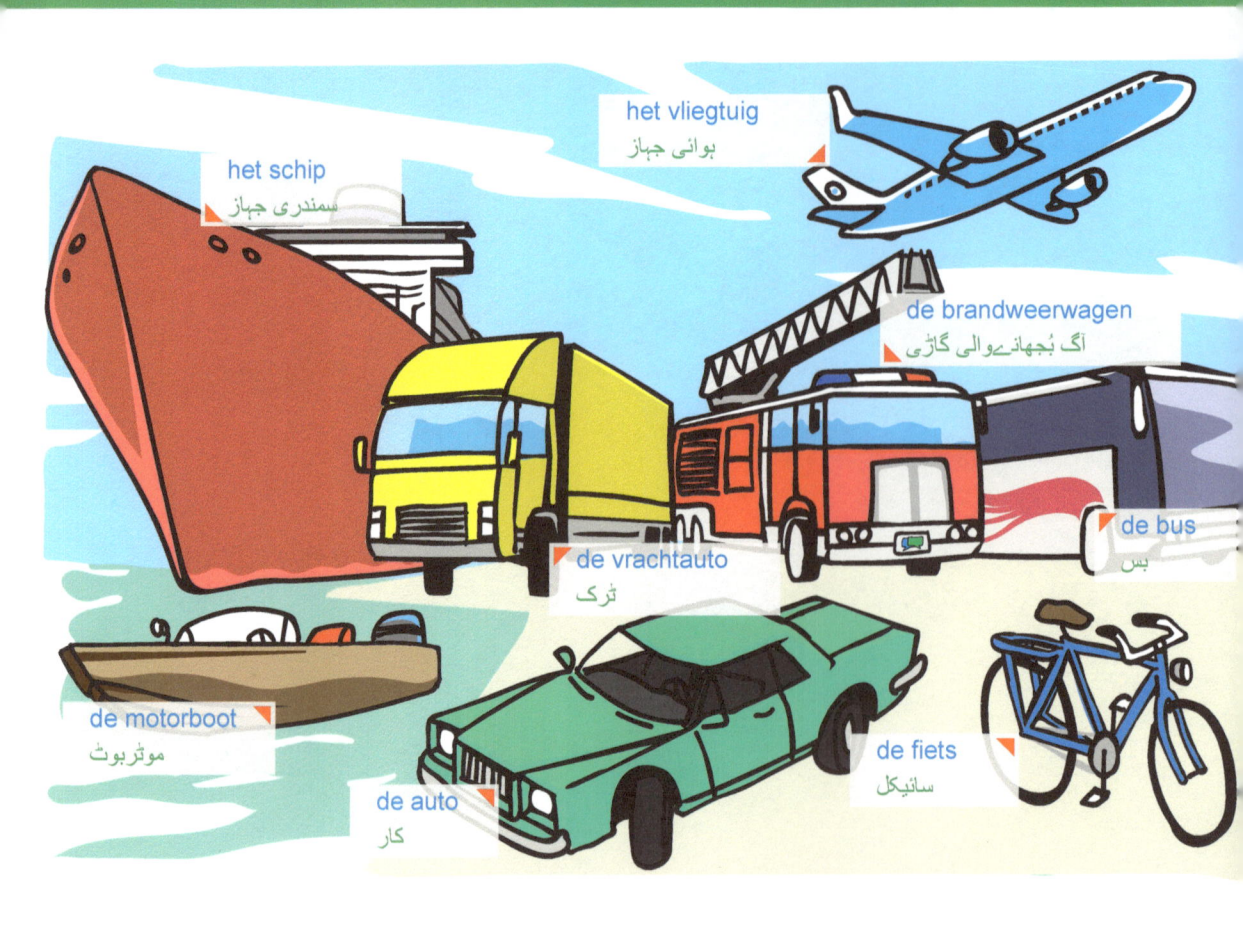

het vliegtuig
ہوائی جہاز

het schip
سمندری جہاز

de brandweerwagen
آگ بُجھانے والی گاڑی

de vrachtauto
ٹرک

de bus
بس

de motorboot
موٹر بوٹ

de auto
کار

de fiets
سائیکل

de veerboot
....
فیری

de boot
....
کشتی

de motorfiets
....
موٹر سائیکل

de politiewagen
....
پولیس کار

de raceauto
....
ریسنگ کار

de huurauto
....
کرایہ پر کار

8   het transport - نقل وحمل

de carsharing	**de takelwagen**	**de vuilniswagen**
کار کا اشتراک کرنا	کھینچنے والا ٹرک	کوڑے والا ٹرک
de motor	**de benzine**	**de benzinepomp**
کار	ایندھن	پٹرول اسٹیشن
het verkeersbord	**het verkeer**	**de file**
ٹریفک کے نشانات	ٹریفک	ٹریفک جام
de parkeerplaats	**het station**	**de rails**
کار پارک	ٹرین اسٹیشن	پٹڑیاں
de trein	**de tram**	**de wagon**
ٹرین	ٹرام	ویگن

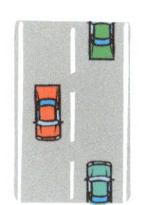

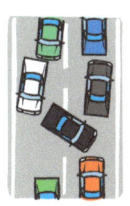

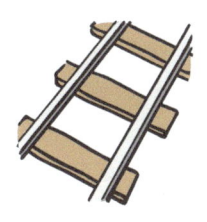

het transport - نقل وحمل

9

de helikopter
ہیلی کاپٹر

de luchthaven
ائرپورٹ

de toren
ٹاور

de passagier
مسافر

de container
کنٹینر

de verhuisdoos
ڈبہ

de kar
ریڑھا

de mand
ٹوکری

opstijgen / landen
اڑان بھرنا / زمین پر اترنا

de stad
شہر

het dorp
گاؤں

het stadscentrum
سٹی سنٹر

het huis
مکان

de bioscoop
سنیما

de reclame
اشتہار

de straatlantaarn
اسٹریٹ لیمپ

de straat
گلی

de taxi
ٹیکسی

de kiosk
اسنیک شاپ

de voetganger
پیدل چلنےوالا

het trottoir
پُختہ راستہ

het stoplicht
ٹریفک لائٹس

het kruispunt
پارکرنےکی جگہ

het zebrapad
زیبرا کراسنگ

de vuilnisbak
بِن

de hut
ہٹ

het appartement
فلیٹ

het station
ٹرین اسٹیشن

het stadhuis
ٹاؤن ہال

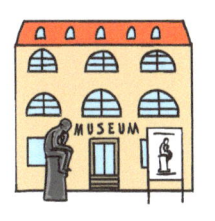

het museum
عجائب گھر

de school
اسکول

de stad - شہر

11

de universiteit	**de bank**	**het ziekenhuis**
یونیورسٹی	بینک	ہسپتال
het hotel	**de apotheek**	**het kantoor**
ہوٹل	فارمیسی	دفتر
de boekenwinkel	**de winkel**	**de bloemenwinkel**
کتابوں کی دکان	دکان	پھولوں کی دکان
de supermarkt	**de markt**	**het warenhuis**
سُپرمارکیٹ	مارکیٹ	ڈیپارٹمنٹ سٹور
de visboer	**het winkelcentrum**	**de haven**
مچھلی کی دکان	شاپنگ سنٹر	بندرگاہ

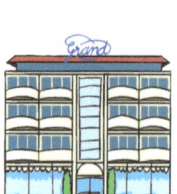

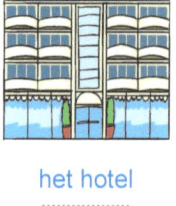

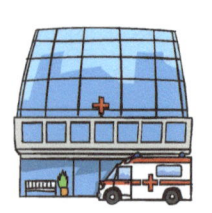

de stad - شہر

het park پارک	de bank بنچ	de brug پُل
de trap سیڑھیاں	de metro انڈرگراؤنڈ	de tunnel سرُنگ
de bushalte بس اسٹاپ	de bar شراب خانہ	het restaurant ریسٹورنٹ
de brievenbus پوسٹ باکس	het straatnaambord اسٹریٹ سائن	de parkeermeter پارکنگ میٹر
de dierentuin چڑیا گھر	het zwembad سوئمنگ پول	de moskee مسجد

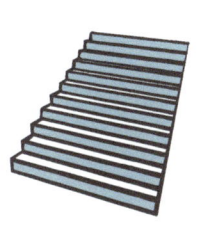

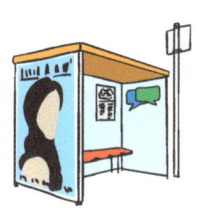

de stad - شہر

de boerderij

کھیت

de vervuiling

آلودگی

de begraafplaats

قبرستان

de kerk

چرچ

de speelplaats

کھیل کا میدان

de tempel

مندر

het landschap

منظر

het blad
پتہ
de wegwijzer
رہنمائی کے لئے لگا ہوا بورڈ
de weg
راستہ
de weide
سبزہ زار
de steen
پتھر
de boom
درخت
de wandelaar
پیدل چلنے والا، ہائکر
de rivier
دریا
het gras
گھاس
de bloem
پھول

14

het landschap - منظر

de vallei وادی	de berg پہاڑی	het meer جھیل
het bos جنگل	de woestijn صحرا	de vulkaan آتش فشاں
het kasteel قلعہ	de regenboog قوس قزح	de paddenstoel کھمبی
de palmboom کجھور کا درخت	de mug مچھر	de vlieg مکھی
de mier چیونٹی	de bij مکھی	de spin مکڑا

het landschap - منظر

de kever بھونرا	de kikker مینڈک	de eekhoorn گلہری
de egel خارپُشت	de haas خرگوش	de uil الو
de vogel پرندہ	de zwaan راج ہنس	het wild zwijn سؤر
het hert ہرن	de eland امریکی بارہ سنگھا	de stuwdam ڈیم
de windmolen ہوا سے چلنے والی ٹربائین	het zonnepaneel سولر پینل	het klimaat آب وہوا

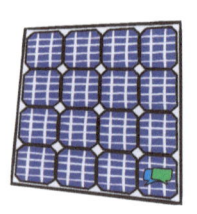

het landschap - منظر

het restaurant
ریسٹورنٹ

de ober — ویٹر

het menu — مینیو

de stoel — گرسی

de soep — سوپ

de pizza — پیزا

het bestek — کٹلری

het tafelkleed — ٹیبل کلاتھ

het voorgerecht
اسٹارٹر

het hoofdgerecht
مین کورس

het toetje
ڈیزرٹ

de dranken
مشروبات

het eten
کھانے کی اشیاء

de fles
بوتل

het restaurant - ریسٹورنٹ

17

de/het fastfood فاسٹ فوڈ	het eetkraampje اسٹریٹ فوڈ	de theepot چائےدانی
de suikerpot شوگرباکس	de portie حصہ	de espressomachine ایسپریسو مشین
de kinderstoel اونچی کرسی	de rekening بل	het dienblad ٹرے
het mes چھُری	de vork کانٹا	de lepel چمچ
de theelepel چائےکا چمچ	het servet سرویئٹی	het glas شیشہ

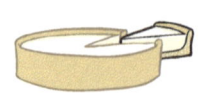

het restaurant - ریسٹورنٹ

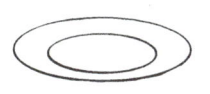

het bord پلیٹ	het soepbord سوپ پلیٹ	de schotel طشتری
de saus چٹنی	het zoutvaatje سالٹ شیکر	de pepermolen پیپرمل
de azijn سرکہ	de olie خوردنی تیل	de kruiden مصالحے
de ketchup کیچپ	de mosterd سرسوں	de mayonaise میئونیز

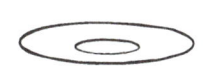

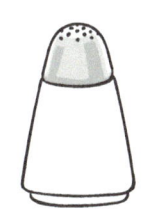

het restaurant - ریسٹورنٹ

de supermarkt
سُپرمارکیٹ

de aanbieding
خصوصی پیشکش

de klant
گاہک

de zuivelproducten
ڈیری

het fruit
پھل

de winkelwagen
ٹرالی

de slager	de bakkerij	wegen
گوشت کی دُکان	بیکری	وزن کرنا

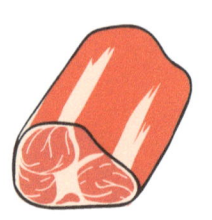

de groente	het vlees	de diepvriesproducten
سبزیاں	گوشت	جما ہوا کھانا

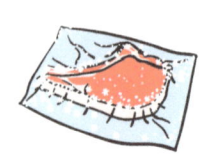

20   de supermarkt - سُپرمارکیٹ

de vleeswaren	**de conserven**	**het wasmiddel**
کولڈ کٹس	ڈبے میں بند کھانا	واشنگ پاؤڈر
het snoepgoed	**de huishoudelijke artikelen**	**het schoonmaakmiddel**
مٹھائیاں	گھریلو مصنوعات	صاف کرنے کیلئے مصنوعات
de verkoopster	**de kassa**	**de kassier**
سیلزپرسن	کیش رجسٹر	کیشئیر
't boodschappenlijstje	**de openingstijden**	**de portefeuille**
خریداری کی فہرست	اوقاتِ کار	بٹوہ
de creditkaart	**de tas**	**de plastic zak**
کریڈٹ کارڈ	تھیلا	پلاسٹک کے تھیلے

de supermarkt - سُپرمارکیٹ

21

de dranken

مشروبات

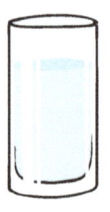

het water

پانی

het sap

جوس، رس

de melk

دودھ

de cola

کوک

de wijn

وائن

het bier

بیئر

de alcohol

الکوحل

de chocolademelk

کوکوآ

de thee

چائے

de koffie

کافی

de espresso

ایسپریسو

de cappuccino

کیپاچینو

het eten

کھانے کی اشیاء

de banaan	de appel	de sinaasappel
کیلا	سیب	مالٹا

de watermeloen	de citroen	de wortel
خربوزہ	لیموں	گاجر

de knoflook	de bamboe	de ui
لہسن	بانس	پیاز

de paddenstoel	de noten	de pasta
کھُمبی	اخروٹ، بادام وغیرہ	نوڈلز

de spaghetti	de rijst	de salade
اسپیگیٹی	چاول	سلاد
de friet	de gebakken aardappelen	de pizza
چِپس	تلے گئے آلو	پیزا
de hamburger	de sandwich	de schnitzel
ہیم برگر	سینڈوچ	کٹلیٹ
de ham	de salami	de worst
سؤر کی ران کا گوشت	گوشت کی اطالوی ساسیج	ساسیج
de kip	het gebraad	de vis
مُرغی	روسٹ	مچھلی

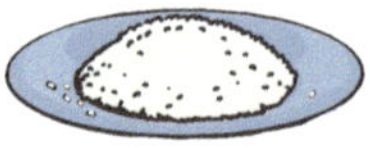

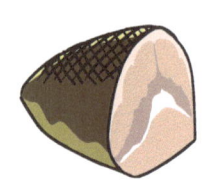

het eten - کھانے کی اشیاء

de havermout	de muesli	de cornflakes
جئی کا دلیہ	میوزلی	کارن فلیکس
het meel	de croissant	de broodjes
آٹا	کرونیسنٹ	بریڈ رول
het brood	de toast	de koekjes
بریڈ	ٹوسٹ	بسکٹ
de boter	de kwark	de taart
مکھن	دہی	کیک
het ei	het gebakken ei	de kaas
انڈا	فرائی کیا گیا انڈہ	پنیر

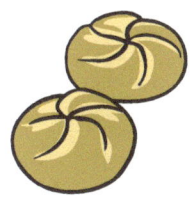

het eten - کھانے کی اشیاء

het ijs	de suiker	de honing
آئس کریم	چینی	شہد
de jam	de chocoladepasta	de kerrie
جام	ناؤگٹ کریم	سالن

het eten - کھانے کی اشیاء

de boerderij
کھیت

- de boerderij — فارم ہاؤس
- de schuur — کھلیان
- de hooibaal — تنکوں کی گانٹھ
- het veld — کھیت
- het paard — گھوڑا
- het veulen — گھوڑے کا بچہ
- de tractor — ٹریکٹر
- de aanhangwagen — ٹریلر
- de ezel — گدھا
- het schaap — بھیڑ
- het lam — میمنہ

de geit	de koe	het kalf
بکری	گائے	بچھڑا

het varken	de big	de stier
سؤر	سؤر کا بچہ	سانڈ

de boerderij - کھیت   27

de gans

راج ہنس

de eend

بطخ

het kuiken

چوزہ

de kip

مُرغی

de haan

مُرغا

de rat

چوہا

de kat

بلی

de muis

چوہا

de os

بیلچہ

de hond

کُتا

het hondenhok

کُتے کا گھر

de tuinslang

گارڈن ہاؤس

de gieter

پانی کا کین

de zeis

درانتی

de ploeg

ہل

de sikkel درانتی	**de schoffel** بیلچہ	**de hooivork** ترنگل
de bijl کلہاڑا	**de kruiwagen** ٹھیلا گاڑی	**de trog** حوض
de melkbus دودھ کا کین	**de zak** تھیلا	**het hek** باڑ
de stal اصطبل	**de broeikas** گرین ہاؤس	**de grond** مٹی
het zaad بیج	**de mest** فرٹیلائزر	**de maaidorser** کمبائن ہارویسٹر

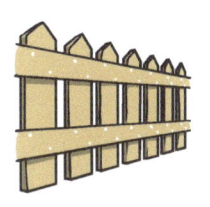

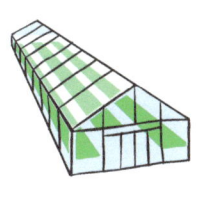

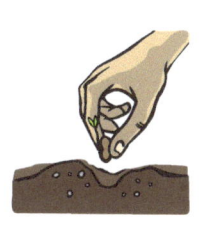

de boerderij - کھیت

oogsten	de oogst	de yam
فصل کاٹنا	فصل کاٹنا	افریقی آلو
de tarwe	de soja	de aardappel
گندم	سویا	آلو
de maïs	het koolzaad	de fruitboom
مکئی	توریا کا تیل	پھلدار درخت
de maniok	de granen	
کساوا	دلیہ	

de boerderij - کھیت

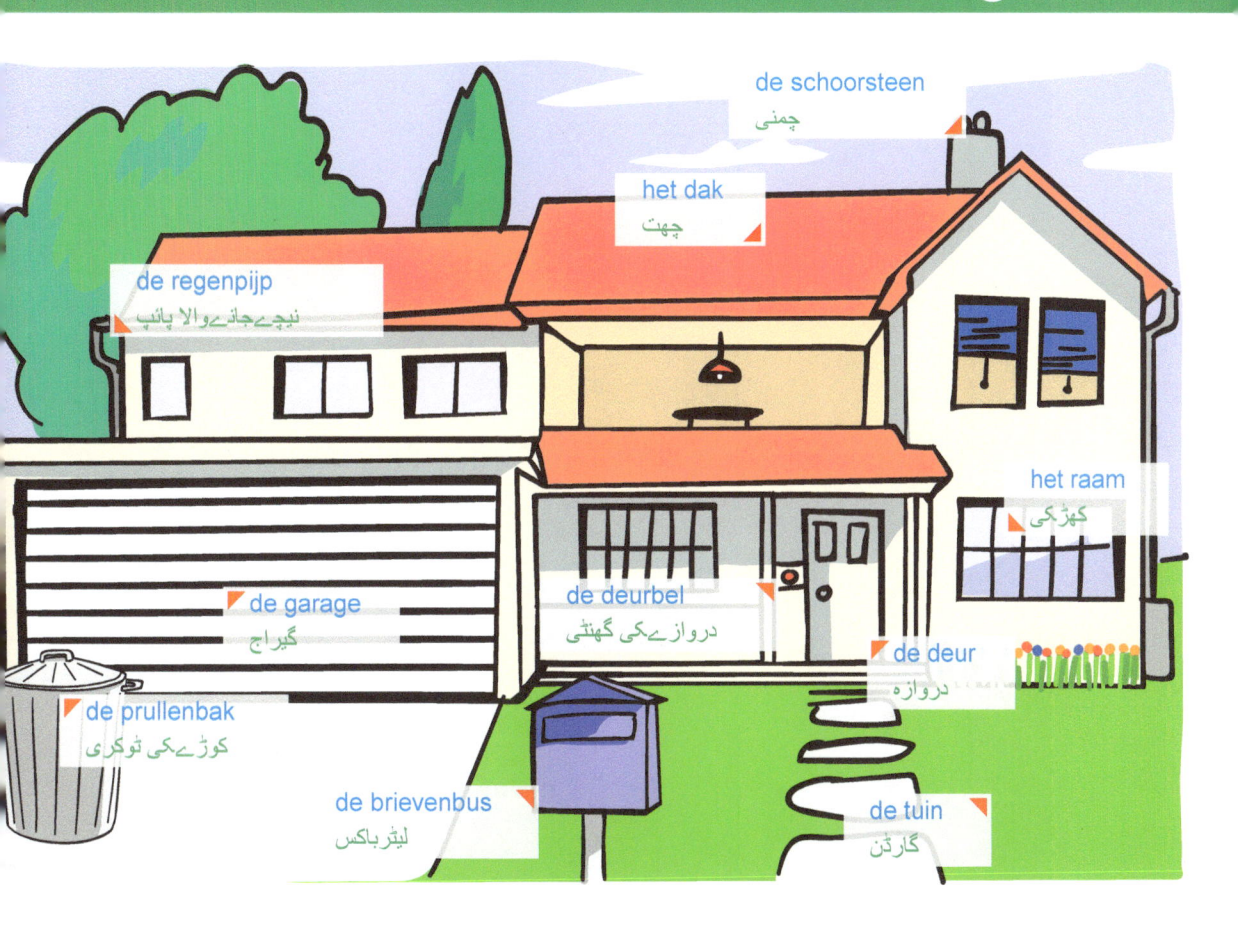

het huis
مكان

- de schoorsteen — چمنی
- het dak — چھت
- de regenpijp — نیچے جانے والا پائپ
- het raam — کھڑکی
- de garage — گیراج
- de deurbel — دروازے کی گھنٹی
- de deur — دروازہ
- de prullenbak — کوڑے کی ٹوکری
- de brievenbus — لیٹر باکس
- de tuin — گارڈن

de woonkamer	de badkamer	de keuken
لوونگ روم	غسل خانہ	باورچی خانہ

de slaapkamer	de kinderkamer	de eetkamer
بیڈ روم	بچوں کا کمرہ	کھانے کا کمرہ

het huis - مكان

31

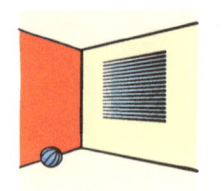

de vloer

فرش

de muur

دیوار

het plafond

چھت

de kelder

تہ خانہ

de sauna

سوانا

het balkon

بالکونی

het terras

ٹیریس

het zwembad

پول

de grasmaaier

گھاس کاٹنے کی مشین

het laken

چادر

de bedsprei

چادر

het bed

بستر

de bezem

جھاڑو

de emmer

بالٹی

de schakelaar

سوئچ

de woonkamer
لوونگ روم

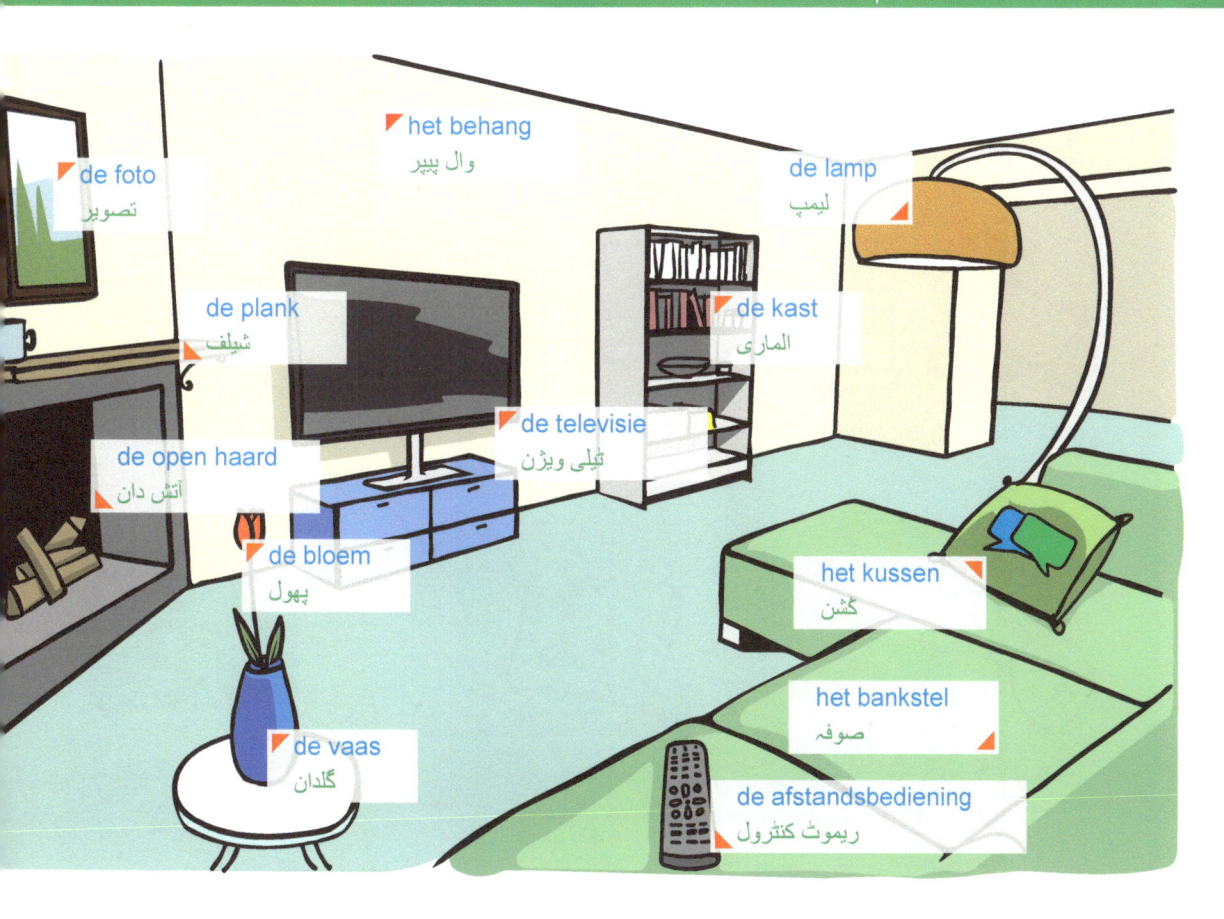

- de foto — تصویر
- het behang — وال پیپر
- de lamp — لیمپ
- de plank — شیلف
- de kast — الماری
- de open haard — آتش دان
- de televisie — ٹیلی ویژن
- de bloem — پھول
- het kussen — کُشن
- de vaas — گلدان
- het bankstel — صوفہ
- de afstandsbediening — ریموٹ کنٹرول

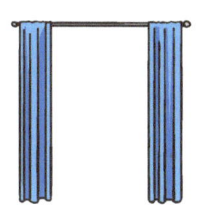

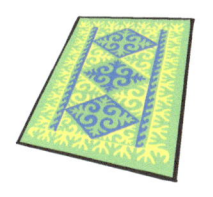

het tapijt	het gordijn	de tafel
قالین	پردے	میز

de stoel	de schommelstoel	de stoel
کرسی	ہلنے والی کرسی	آرام کرسی

de woonkamer - لوونگ روم

het boek	**de deken**	**de decoratie**
کتاب	کمبل	آرائش
het brandhout	**de film**	**de stereo-installatie**
جلانے کی لکڑی	فلم	ہائی فائی
de sleutel	**de krant**	**het schilderij**
چابی	اخبار	پینٹنگ
de poster	**de radio**	**het kladblok**
پوسٹر	ریڈیو	نوٹ بُک
de stofzuiger	**de cactus**	**de kaars**
ویکیوم کلینر	کیکٹس	موم بتی

de woonkamer - لوونگ روم

de keuken
باورچی خانہ

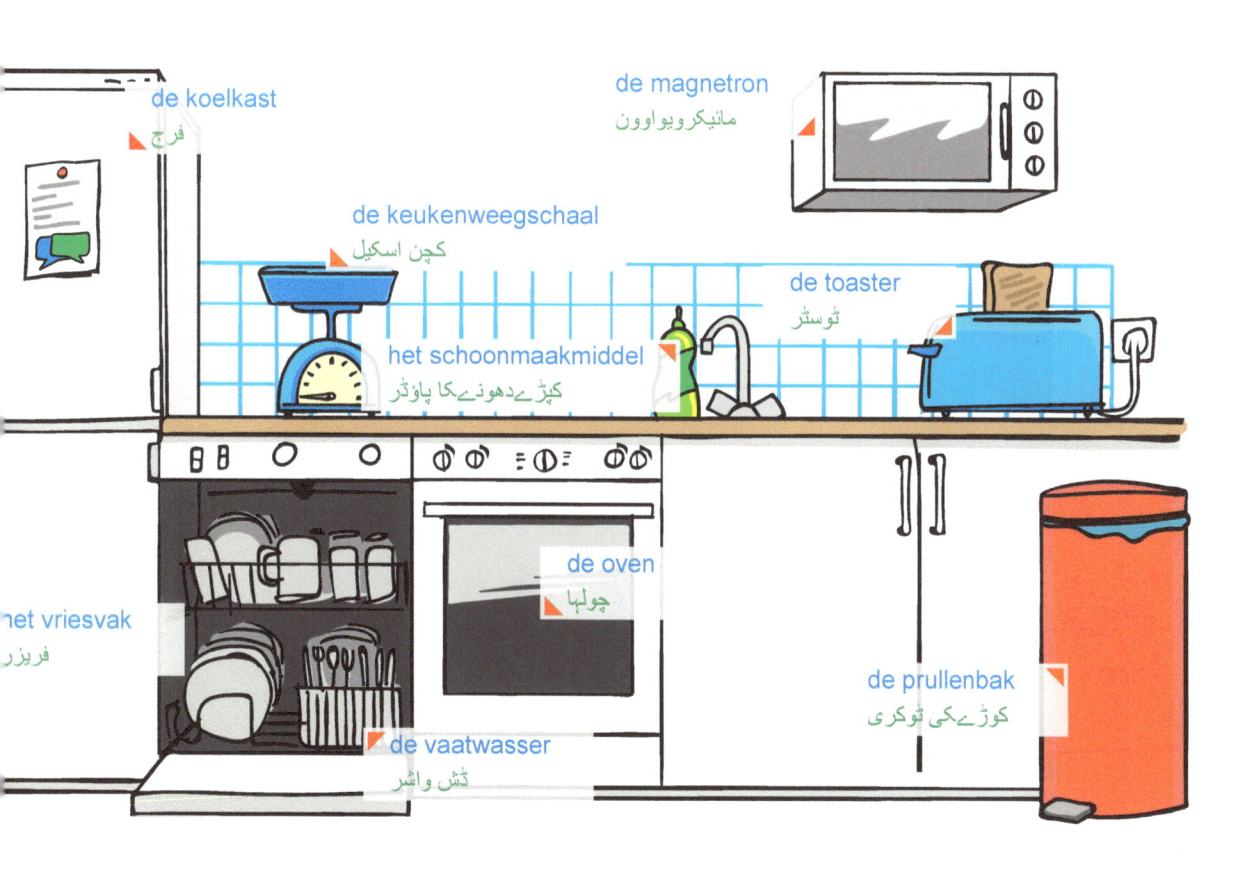

de koelkast
فرج

de magnetron
مائیکرویواوون

de keukenweegschaal
کچن اسکیل

de toaster
ٹوسٹر

het schoonmaakmiddel
کپڑے دھونے کا پاؤڈر

het vriesvak
فریزر

de oven
چولہا

de prullenbak
کوڑے کی ٹوکری

de vaatwasser
ڈش واشر

het fornuis	de pan	de gietijzeren pan
ککر	برتن	لوہے کا برتن

de wok / kadai	de koekenpan	de ketel
کڑاہی	برتن	کیتلی

باورچی خانہ - de keuken

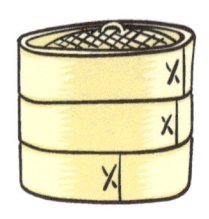

de stoomkoker	de bakplaat	het servies
اسٹیمر	بیکنگ ٹرے	کراکری
de beker	de kom	de eetstokjes
مگ	پیالہ	چاپ اسٹکس
de soeplepel	de spatel	de garde
ڈونی	کفچہ	جھاڑو دینا
het vergiet	de zeef	de rasp
مقطر	چھلنی	گریٹر
de vijzel	de barbecue	de vuurhaard
کونڈی	باربی کیو	کھُلی آگ

de keuken - باورچی خانہ

de snijplank چاپنگ بورڈ	**de deegroller** بیلن	**de kurkentrekker** کارک اسکریو
het blik کین	**de blikopener** کین اوپنر	**de pannenlap** برتن پکڑنےوالا کپڑا
de wasbak سنک	**de borstel** برش	**de spons** اسپونج
de blender بلینڈر	**de vriezer** ڈیپ فریز	**het babyflesje** بچےکی بوتل
de kraan ٹونٹی		

de keuken - باورچی خانہ

37

de badkamer
غُسل خانہ

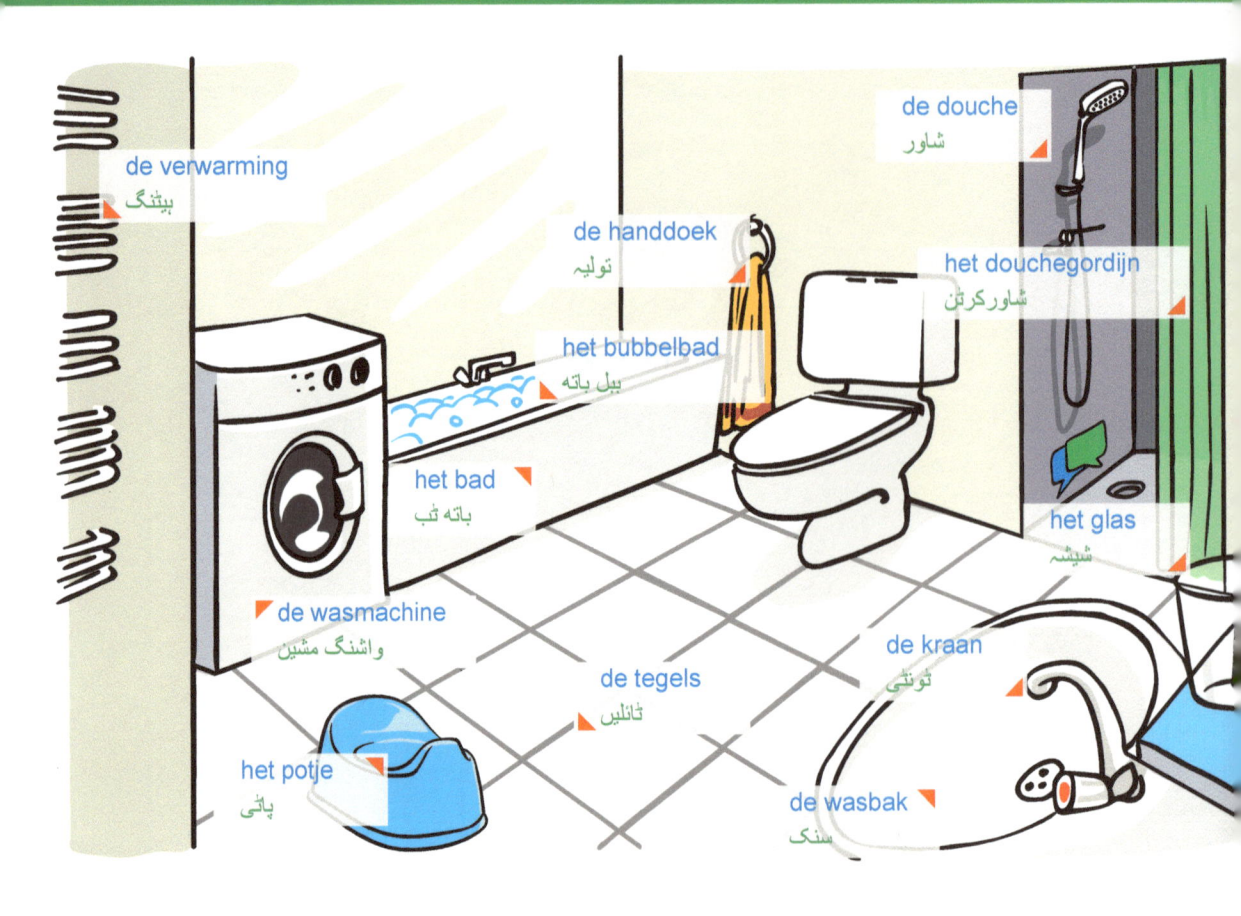

- de douche — شاور
- de verwarming — ہیٹنگ
- het douchegordijn — شاورکرٹن
- de handdoek — تولیہ
- het bubbelbad — ببل باتھ
- het bad — باتھ ٹب
- het glas — شیشہ
- de wasmachine — واشنگ مشین
- de kraan — ٹونٹی
- de tegels — ٹائلیں
- het potje — پاٹی
- de wasbak — سنک

het toilet	het hurktoilet	de/het bidet
ٹائلٹ	دوزانوں بیٹھنے والی ٹائلٹ	نچلا حصہ دھونے کیلئے پاٹ

het urinoir	het toiletpapier	de toiletborstel
پیشاب گاہ	ٹائلٹ پیپر	ٹائلٹ برش

38   de badkamer - غُسل خانہ

de tandenborstel	de tandpasta	het flosdraad
ٹوته برش	ٹوته پیسٹ	ڈینٹل فلاس
wassen	de handdouche	de toiletdouche
دهونا	ہینڈ شاور	شاور
de waskom	de rugborstel	de zeep
بیسن	بیک برش	صابن
de douchegel	de shampoo	het washandje
شاورجل	شیمپو	فلالین
de afvoer	de creme	de deodorant
ڈرین	کریم	ڈیوڈورنٹ

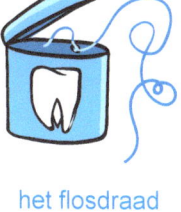

de badkamer - غسل خانہ

39

de spiegel

....

آئینہ

de make-upspiegel

....

ہاتھ میں پکڑا جانے والا آئینہ

het scheermes

....

ریزر

het scheerschuim

....

شیونگ فوم

de aftershave

....

آفٹر شیو

de kam

....

کنگھی

de borstel

....

برش

de haardroger

....

ہیئر ڈرائر

de haarspray

....

ہیئر اسپرے

de make-up

....

میک اپ

de lippenstift

....

لپ اسٹک

de nagellak

....

نیل وارنش

de watten

....

روئی

het nagelschaartje

....

ناخن کاٹنے کی قینچی

de/het parfum

....

پرفیوم

de toilettas	de kruk	de weegschaal
واش بیگ	پاخانہ	وزن کرنےکی مشین
de badjas	de rubber handschoenen	de tampon
باتھ روب	ربڑ کے دستانے	ٹیمپون
het maandverband	het chemisch toilet	
سینیٹری ٹاول	کیمیکل ٹائلٹ	

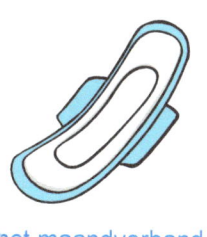

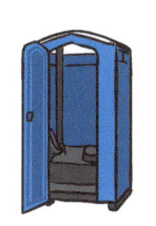

de badkamer - غُسل خانہ 41

de kinderkamer
بچوں کا کمرہ

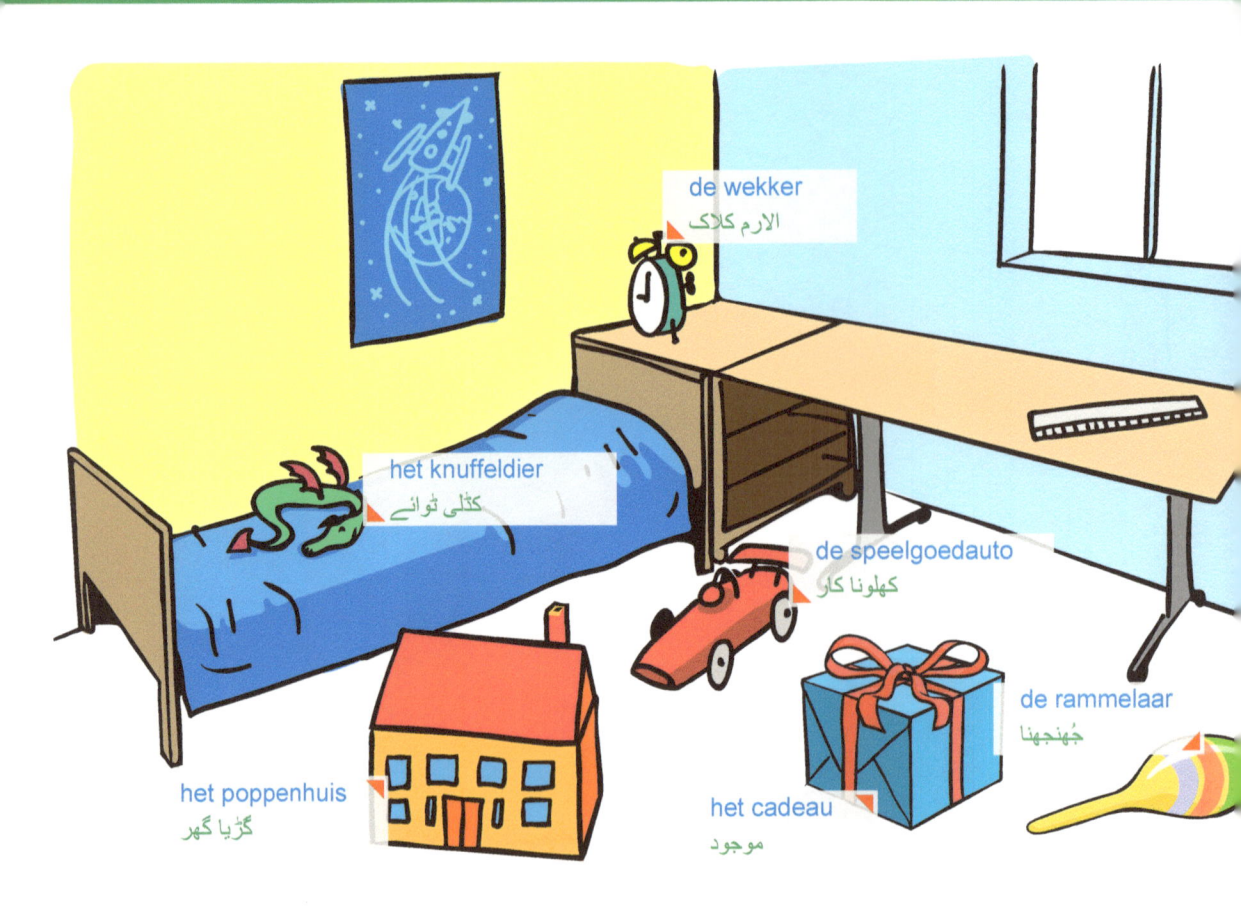

de wekker — الارم کلاک

het knuffeldier — کڈلی ٹوائے

de speelgoedauto — کھلونا کار

de rammelaar — جُھنجھنا

het poppenhuis — گڑیا گھر

het cadeau — موجود

de ballon	het bed	de kinderwagen
غبارہ	بستر	پرام

 het kaartspel	de puzzel	het stripverhaal
ڈیک آف کارڈز	جگسا	کامک

42   de kinderkamer - بچوں کا کمرہ

de legostenen	de speelgoedblokken	het actiefiguurtje
لیگوبرکس	کھلونا بلاکس	ایکشن فگر
de romper	de frisbee	de/het mobile
بچے کا لباس	فرسبی	کھلونا موبائل
het bordspel	de dobbelsteen	de modeltrein
بورڈ گیم	ڈائس	ماڈل ٹرین سیٹ
de speen	het feestje	het prentenboek
ڈمی	پارٹی	تصاویر والی کتاب
de bal	de pop	spelen
گیند	گڑیا	کھیلنا

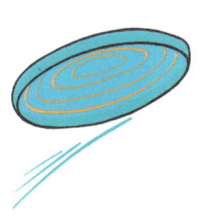

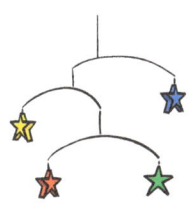

de kinderkamer - بچوں کا کمرہ

43

de zandbak سینڈ پٹ	**de schommel** جھولا جھولنا	**het speelgoed** کھلونے
de spelcomputer وڈیوگیم کنسول	**de driewieler** تین پہیوں والی سائیکل	**de teddybeer** ٹیڈی بیئر
de kleerkast کپڑوں کی الماری		

de kleding
لباس

de sokken موزے	**de kousen** اسٹاکنگز	**de panty** ٹائٹس

de sjaal
اسکارف

de paraplu
چھتری

het T-shirt
ٹی شرٹ

de riem
بیلٹ

de laarzen
بوٹ

de pantoffels
سلیپر

de sportschoenen
اسنیکرز

de sandalen	de schoenen	de rubberlaarzen
سینڈل	جوتے	ربڑ کے بوٹس

de onderbroek	de beha	het onderhemd
زیرجامہ	بریزنیر	واسکٹ

de kleding - لباس

45

de body

....

جسم

de broek

....

پتلون

de spijkerbroek

....

جینز

de rok

....

اسکرٹ

de blouse

....

بلاؤز

het overhemd

....

قمیض

de trui

....

پُل اوور

de hoody

....

سویٹر

de blazer

....

بلیزر

de jas

....

جیکٹ

de mantel

....

کوٹ

de regenjas

....

رین کوٹ

het kostuum

....

کوئی خاص لباس

de jurk

....

لباس

de trouwjurk

....

شادی کا لباس

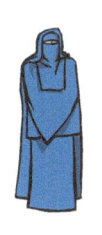

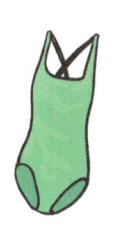

het pak	**het nachthemd**	**de pyjama**
سوٹ	نائٹ گاؤن	پائجامہ
de sari	**de hoofddoek**	**de tulband**
ساڑھی	سر پر لیا جانے والا اسکارف	پگڑی
de boerka	**de kaftan**	**de abaja**
بُرقع	کفتان	عبایہ
het zwempak	**de zwembroek**	**de korte broek**
تیراکی کا سوٹ	ٹرنک	نیکر
het trainingspak	**de/het schort**	**de handschoenen**
ٹریک سوٹ	اپرن	دستانے

de kleding - لباس

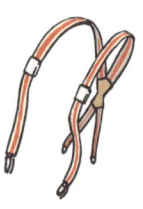

de knoop	**de bril**	**de armband**
بٹن	عینک	کنگن
de ketting	**de ring**	**de oorbel**
ہار	انگوٹھی	کانوں کی بالیاں
de pet	**de kledinghanger**	**de hoed**
ٹوپی	کوٹ ہینگر	ہیٹ
de stropdas	**de rits**	**de helm**
ٹائی	زپ	ہیلمٹ
de bretels	**het schooluniform**	**het uniform**
بریسز	سکول یونیفارم	وردی

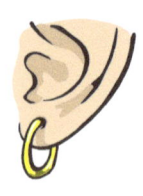

de kleding - لباس

het slabbetje
....
بب

de speen
....
ڈمی

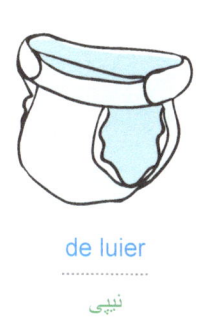

de luier
....
نیپی

het kantoor
دفتر

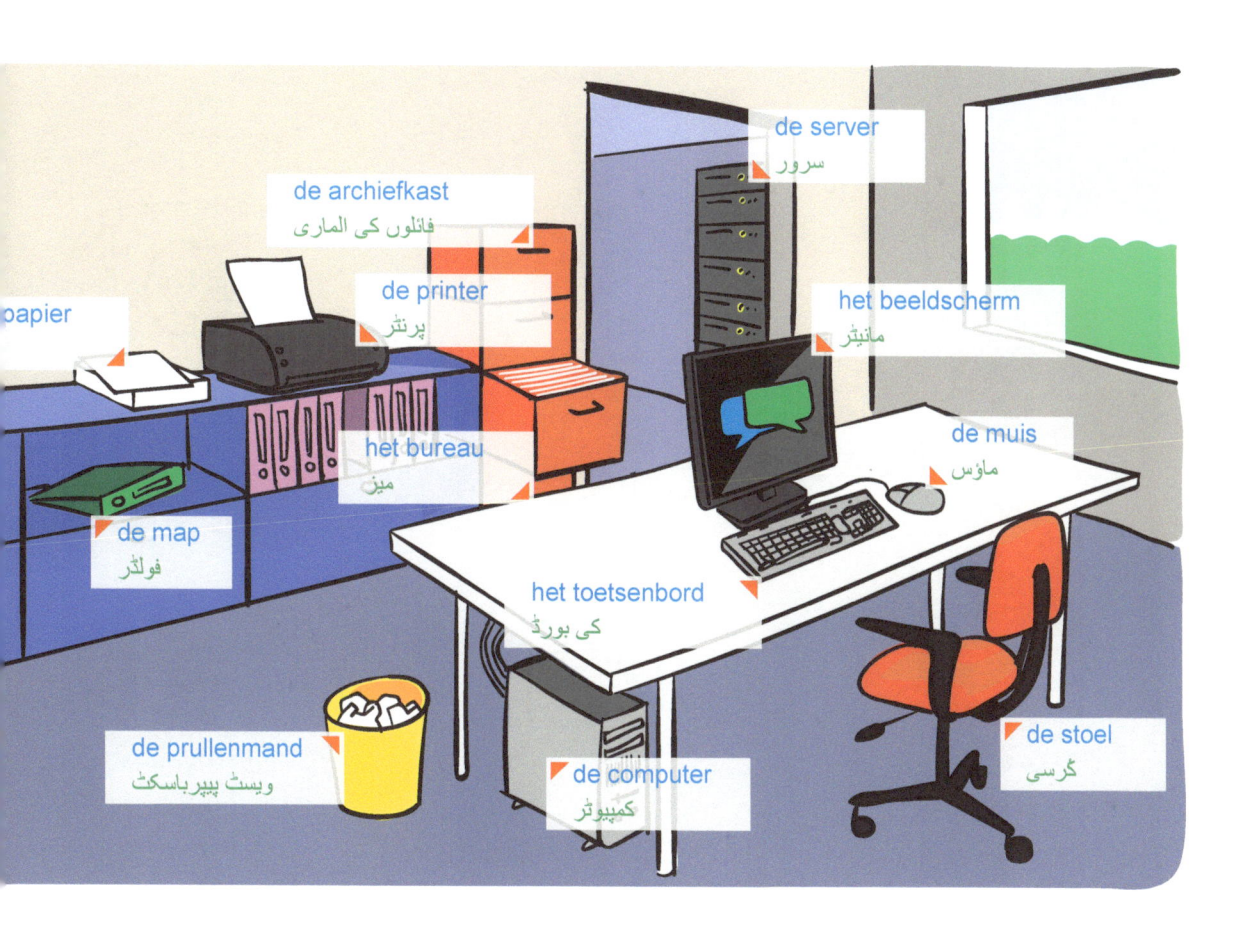

de server
سرور
de archiefkast
فائلوں کی الماری
de printer
پرنٹر
papier
het beeldscherm
مانیٹر
de muis
ماؤس
het bureau
میز
de map
فولڈر
het toetsenbord
کی بورڈ
de prullenmand
ویسٹ پیپر باسکٹ
de computer
کمپیوٹر
de stoel
کُرسی

de koffiemok
....
کافی مگ

de rekenmachine
....
کیلکولیٹر

het internet
....
انٹرنیٹ

de laptop	de brief	het bericht
لیپ ٹاپ	خط	پیغام
de mobiele telefoon	het netwerk	de kopieermachine
موبائل	نیٹ ورک	فوٹوکاپیئر
de software	de telefoon	het stopcontact
سافٹ ویئر	ٹیلی فون	پلگ ساکٹ
de fax	het formulier	het document
فیکس مشین	فارم	دستاویز

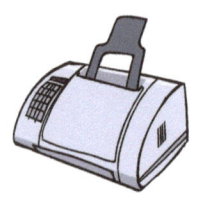

het kantoor - دفتر

de economie
معیشت

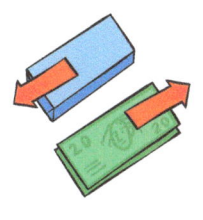

kopen خریدنا	betalen ادائیگی کرنا	handel drijven تجارت کرنا
het geld رقم	de dollar ڈالر	de euro یورو
de yen ین	de roebel روبل	de Zwitserse frank سوئس فرانک
de renminbi yuan رینمینبی یوآن	de roepie روپیہ	de geldautomaat کیش پوائنٹ

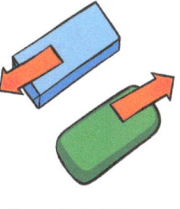

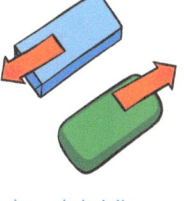

de economie - معیشت

51

het wisselkantoor	het goud	het zilver
رقم تبدیل کرانے کیلئے دفتر	سونا	چاندی
de olie	de energie	de prijs
خام تیل	توانائی	قیمت
het contract	de belasting	het aandeel
معاہدہ	ٹیکس	اسٹاک
werken	de werknemer	de werkgever
کام کرنا	ملازم	اجر
de fabriek	de winkel	
فیکٹری	دکان	

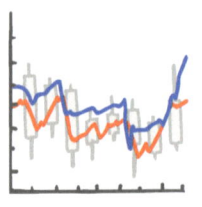

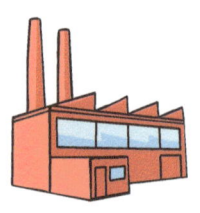

de economie - معیشت

de beroepen

پیشے

de politieagent
پولیس افسر

de brandweerman
فائرمین

de kok
خانساماں، کُک

de dokter
ڈاکٹر

de piloot
پائلٹ

de tuinman
مالی

de timmerman
ترکھان

de naaister
درزن

de rechter
جج

de scheikundige
کیمسٹ

de toneelspeler
اداکار

de beroepen - پیشے

de buschauffeur	**de taxichauffeur**	**de visser**
بس ڈرائیور	ٹیکسی ڈرائیور	مچھیرا
de schoonmaakster	**de dakdekker**	**de ober**
صفائی کرنے والی عورت	چھت بنانے والا	ویٹر
de jager	**de schilder**	**de bakker**
شکاری	پینٹر	بیکر
de elektricien	**de bouwvakker**	**de ingenieur**
الیکٹریشین	بلڈر	انجینئر
de slager	**de loodgieter**	**de postbode**
قصائی	پلمبر	ڈاکیا

54   de beroepen - پیشے

de soldaat	**de architect**	**de kassier**
سپاہی	آرکیٹیکٹ	کیشئیر
de bloemist	**de kapper**	**de conducteur**
پھول بیچنےوالا	نائی	کنڈکٹر
de monteur	**de kapitein**	**de tandarts**
مکینک	کپتان	ڈینٹسٹ
de wetenschapper	**de rabbi**	**de imam**
سائنسدان	یہودی عالم	امام
de monnik	**de pastoor**	
راہب	پادری	

de beroepen - پیشے

het gereedschap

اوزار

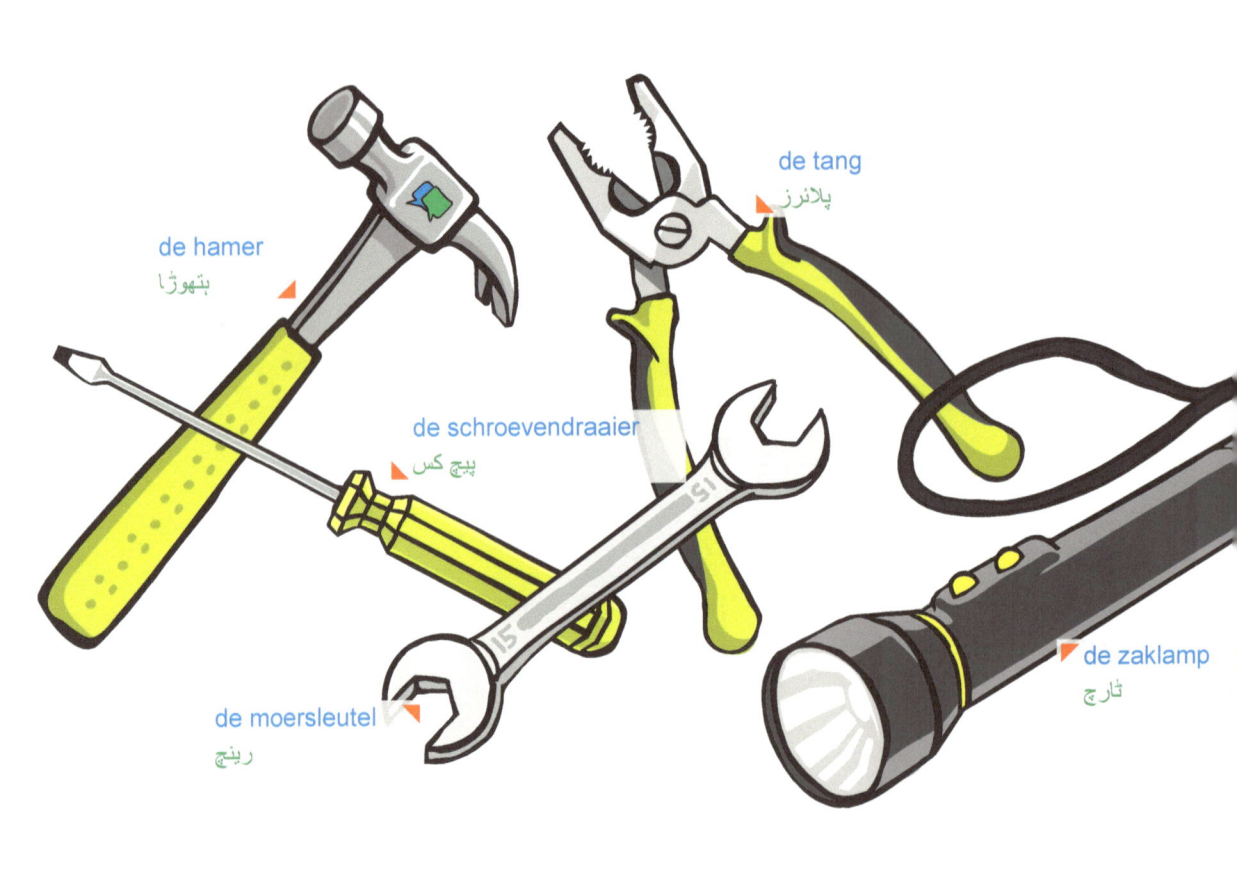

de hamer
ہتھوڑا
de tang
پلائرز
de schroevendraaier
پیچ کس
de zaklamp
ٹارچ
de moersleutel
رینچ

de graafmachine

ایکسکویٹر

de gereedschapskist

ٹول باکس

de ladder

سیڑھی

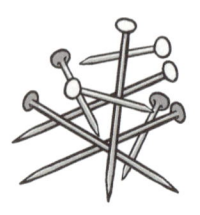

de zaag

آری

de spijkers

کیل

de boor

ڈرل

repareren
مرمت کرنا

de schep
بیلچہ

Verdorie!
لعنت ہو!

het stofblik
ڈَسٹ پین

de verfpot
پینٹ پاٹ

de schroeven
پیچ

de muziekinstrumenten
آلات موسیقی

het drumstel
ڈُرم سیٹ

de luidspreker
لاؤڈ اسپیکر

de gitaar
گٹار

de contrabas
ڈَبل باس

de trompet
بگل

de muziekinstrumenten - آلات موسیقی

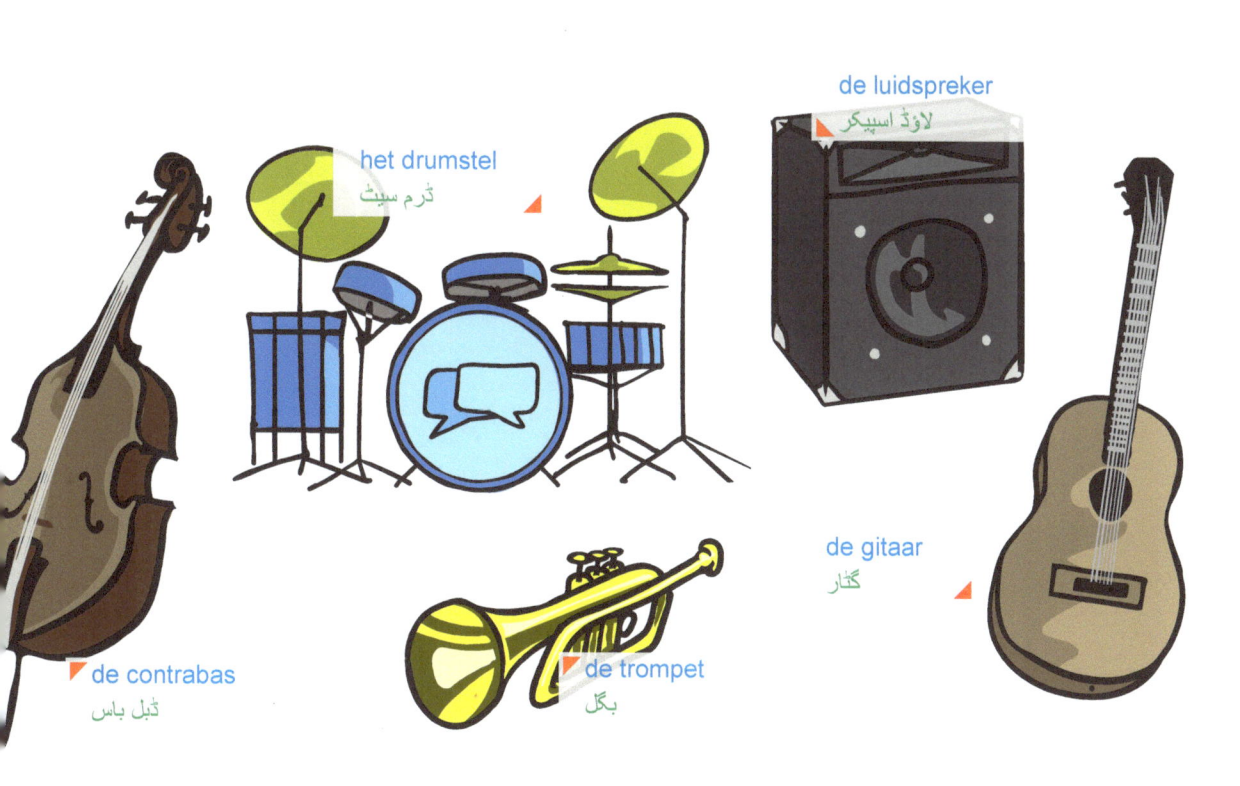

de piano	de viool	de bas
پیانو	وائلن	موسیقی کی آواز
de pauk	de trommel	het keyboard
ٹمپانی	ڈھول، ڈرمز	کی بورڈ
de saxofoon	de fluit	de microfoon
سیکسوفون	بانسری	مائیکروفون

de muziekinstrumenten - آلات موسیقی

de dierentuin
چڑیا گھر

- de tijger / چیتا
- de kooi / پنجرہ
- de zebra / زیبرا
- het dierenvoer / جانوروں کا چارہ
- de ingang / داخلے کا راستہ
- de panda / پانڈا

de dieren	de olifant	de kangoeroe
جانور	ہاتھی	کینگرو

de neushoorn	de gorilla	de beer
گینڈا	گوریلا	ریچھ

de dierentuin - چڑیا گھر

de kameel	**de struisvogel**	**de leeuw**
اونٹ	شُتَرمُرغ	شیر
de aap	**de flamingo**	**de papegaai**
بندر	فلیمنگو	طوطا
de ijsbeer	**de pinguïn**	**de haai**
قطبی ریچھ	کبوتر	شارک
de pauw	**de slang**	**de krokodil**
مور	سانپ	مگرمچھ
de dierenverzorger	**de zeehond**	**de jaguar**
چڑیا گھر کا محافظ	سیل	امریکی تیندوا

de dierentuin - چڑیا گھر

de pony
ٹٹو

de/het luipaard
چیتا

het nijlpaard
دریائی گھوڑا

de giraffe
زرافہ

de adelaar
عقاب

het wild zwijn
سؤر

de vis
مچھلی

de schildpad
کچھوا

de walrus
سمندری گھوڑا

de vos
لومڑی

de gazelle
غزال ہرن

de dierentuin - چڑیا گھر

61

de sport
کھیلیں

American football
امریکن فٹ بال

wielrennen
سائیکلنگ

tennis
ٹینس

basketbal
باسکٹ بال

zwemmen
پیراکی

boksen
باکسنگ

ijshockey
آئس ہاکی

voetbal	badminton	atletiek
فٹ بال	بیڈمنٹن	ایتھلیٹکس

handbal	skiën	polo
ہینڈ بال	اسکیئنگ	پولو

de activiteiten
سرگرمیاں

- lachen — ہنسنا
- zingen — گانا
- knuffelen — گلے لگانا
- springen — چھلانگ
- lopen — چلنا
- dromen — خواب دیکھنا
- bidden — دُعا کرنا
- kussen — چُومنا

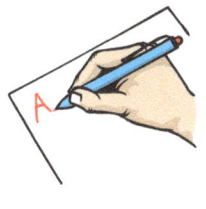

schrijven	tekenen	tonen
لکھنا	تصویرکشی کرنا	دکھانا

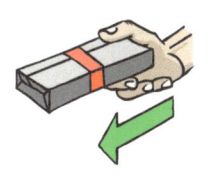

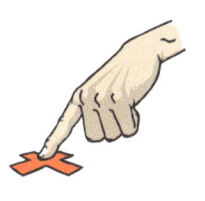

duwen	geven	oppakken
آگے کی طرف دھکیلنا	دینا	لینا

de activiteiten - سرگرمیاں   63

hebben	**doen**	**zijn**
رکھنا	کرنا	ہونا
staan	**rennen**	**trekken**
کھڑا ہونا	دوڑنا	کھینچنا
gooien	**vallen**	**liggen**
پھینکنا	گرنا	جھوٹ بولنا
wachten	**dragen**	**zitten**
انتظار کرنا	اٹھانا	بیٹھنا
aankleden	**slapen**	**wakker worden**
ملبوس ہونا	سونا	جاگنا

de activiteiten - سرگرمیاں

bekijken	huilen	strelen
دیکھنا	رونا	چوٹ لگانا
kammen	praten	begrijpen
کنگھی کرنا	بات کرنا	سمجھنا
vragen	horen	drinken
پوچھنا	مُتوجہ ہونا	پینا
eten	opruimen	houden van
کھانا	صاف کرنا	پیار کرنا
koken	rijden	vliegen
پکانا	گاڑی چلانا	اڑنا

de activiteiten - سرگرمیاں

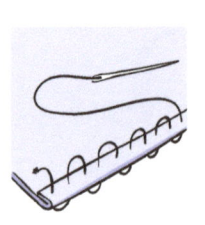

zeilen	rekenen	lezen
بحری سفرکرنا	شمارکریں	پڑھنا
leren	werken	trouwen
سیکھنا	کام کرنا	شادی کرنا
naaien	tandenpoetsen	doden
سینا	دانت صاف کرنا	جان سےماردینا
roken	verzenden	
تمباکونوشی کرنا	بھیجنا	

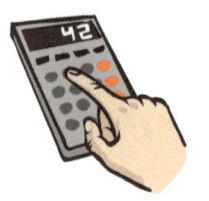

de activiteiten - سرگرمیاں

de familie
خاندان

de grootmoeder

de grootvader
دادا

de vader
پاپ

de baby
طفل

de moeder
ماں

de dochter
بیٹی

de zoon
بیٹا

de gast	de tante	de oom
مہمان	چچی	چچا

de broer	de zus	
بھائی	بہن	

de familie - خاندان

67

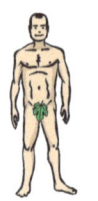

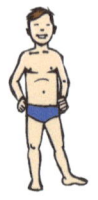

het lichaam
جسم

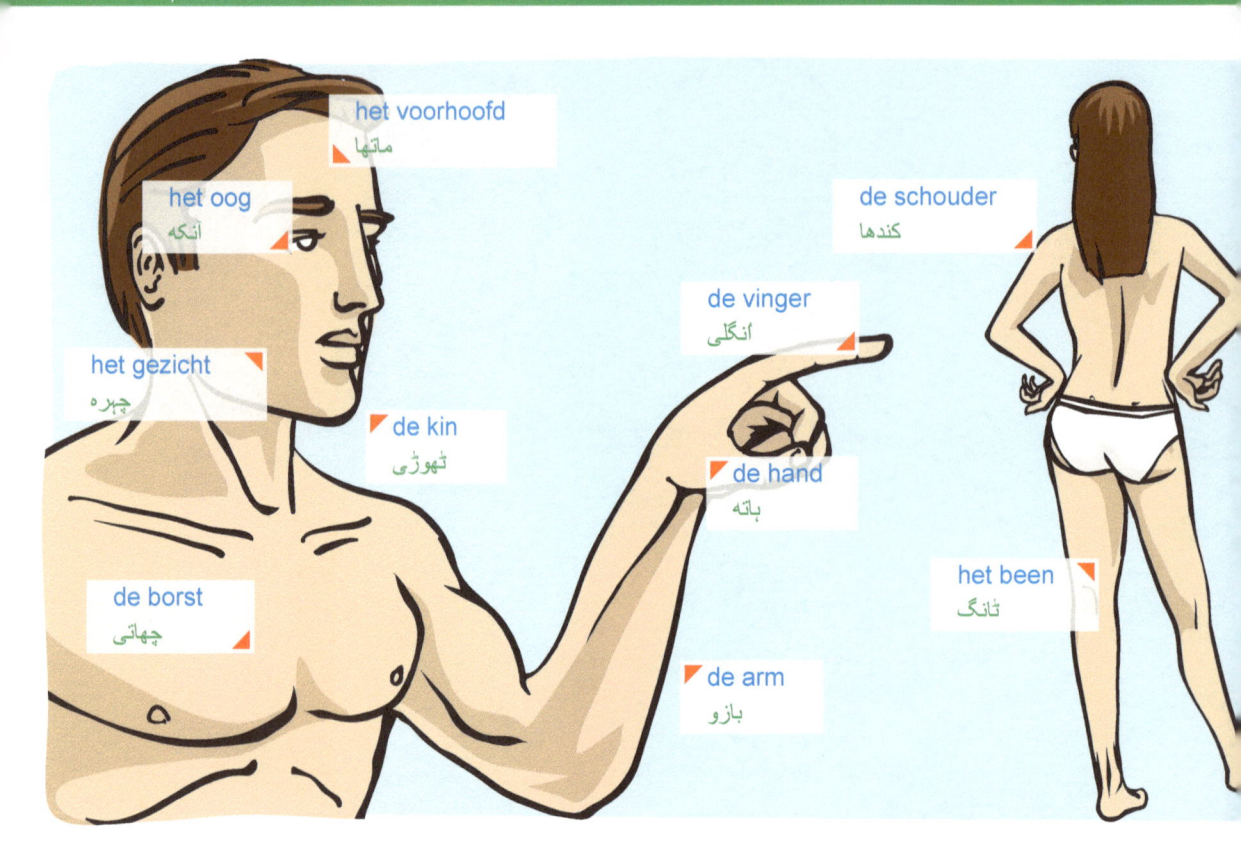

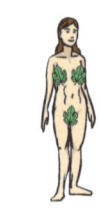

- het voorhoofd — ماتھا
- het oog — آنکھ
- het gezicht — چہرہ
- de kin — ٹھوڑی
- de borst — چھاتی
- de schouder — کندھا
- de vinger — انگلی
- de hand — ہاتھ
- de arm — بازو
- het been — ٹانگ

de baby	de man	de vrouw
طفل	آدمی	عورت

het meisje	de jongen	het hoofd
لڑکی	لڑکا	سر

het lichaam - جسم

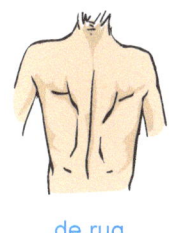

de rug / کمر	de buik / پیٹ	de navel / ناف
de teen / پاؤں کا انگوٹھا	de hiel / ایڑھی	het bot / ہڈی
de heup / کولہا	de knie / گھٹنا	de elleboog / کہنی
de neus / ناک	het achterwerk / نچلا حصہ	de huid / جلد
de wang / گال	het oor / کان	de lippen / ہونٹ

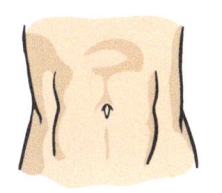

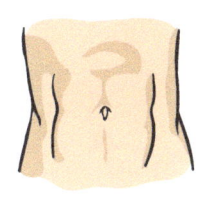

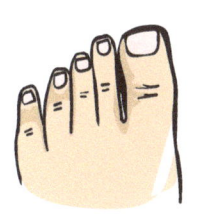

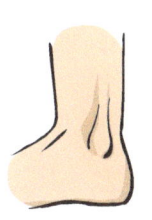

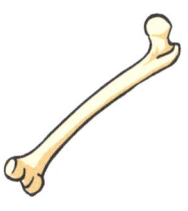

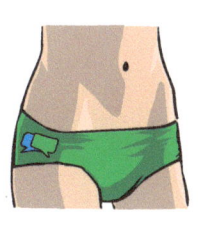

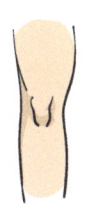

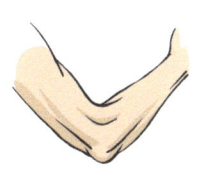

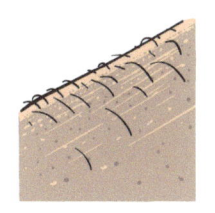

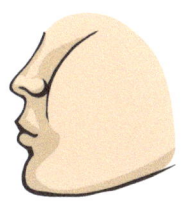

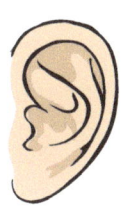

het lichaam - جسم

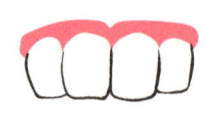

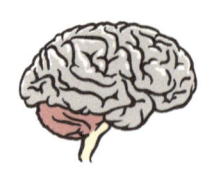

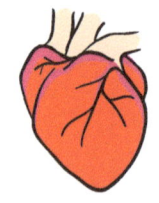

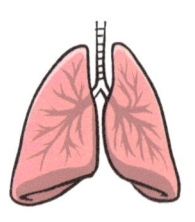

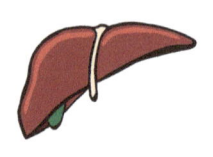

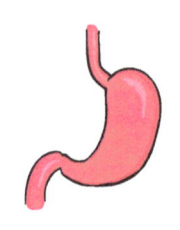

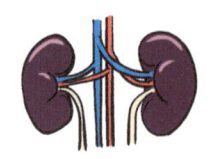

de mond

مُنہ

de tand

دانت

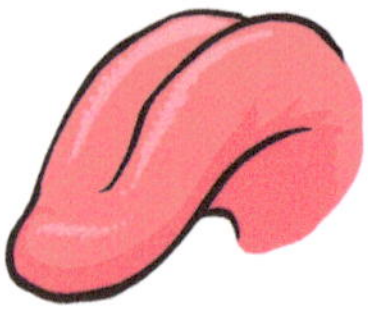

de tong

زُبان

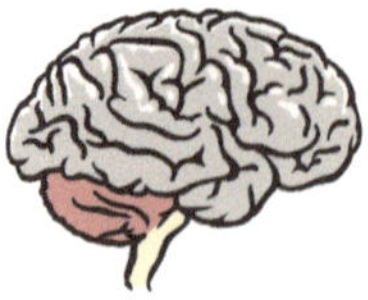

de hersenen

دماغ

het hart

دل

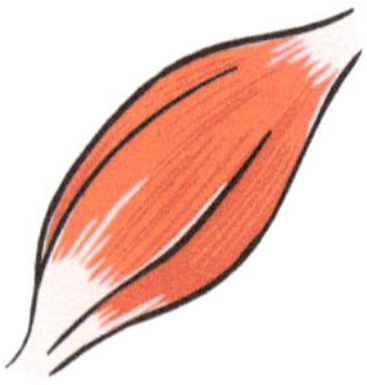

de spier

پٹھہ

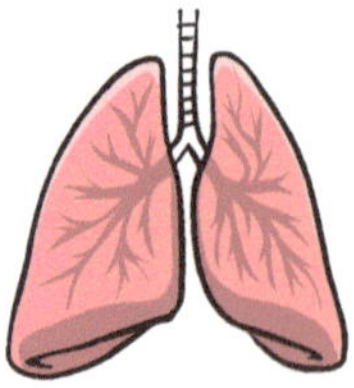

de long

پھیپھڑا

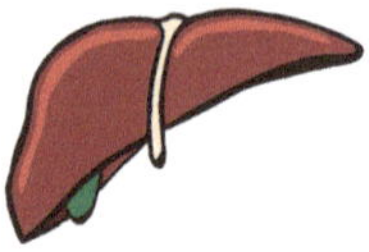

de lever

جگر

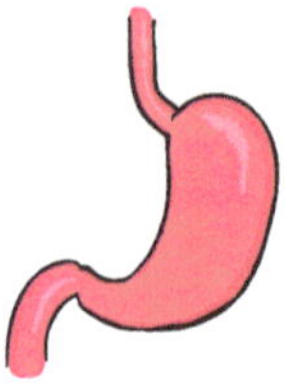

de maag

معدہ

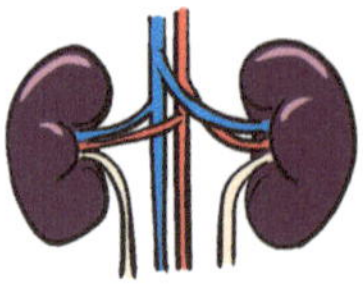

de nieren

گردے

de geslachtsgemeenschap

جنس

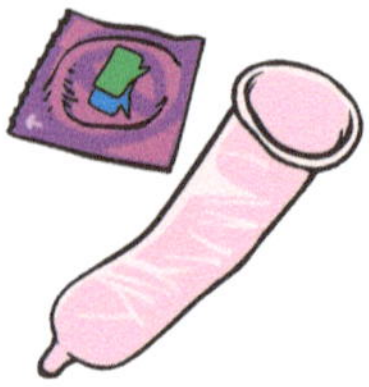

het condoom

کنڈوم

de eicel

بیضہ

het sperma

مادہ منویہ

de zwangerschap

حمل

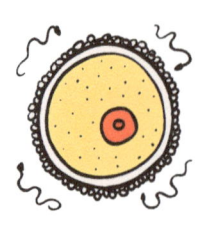

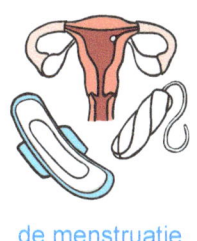

de menstruatie	de vagina	de penis
حیض	اندام نہانی	عضو تناسل
de wenkbrauw	het haar	de hals
بھنویں	بال	گردن

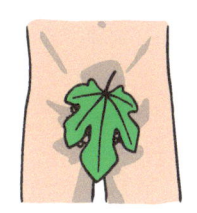

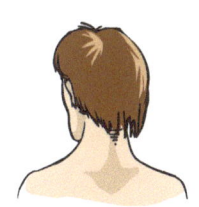

het lichaam - جسم

het ziekenhuis
هسپتال

het ziekenhuis
هسپتال

de ambulance
ایمبولینس

de rolstoel
وہیل چیئر

de fractuur
ہڈی ٹوٹنا

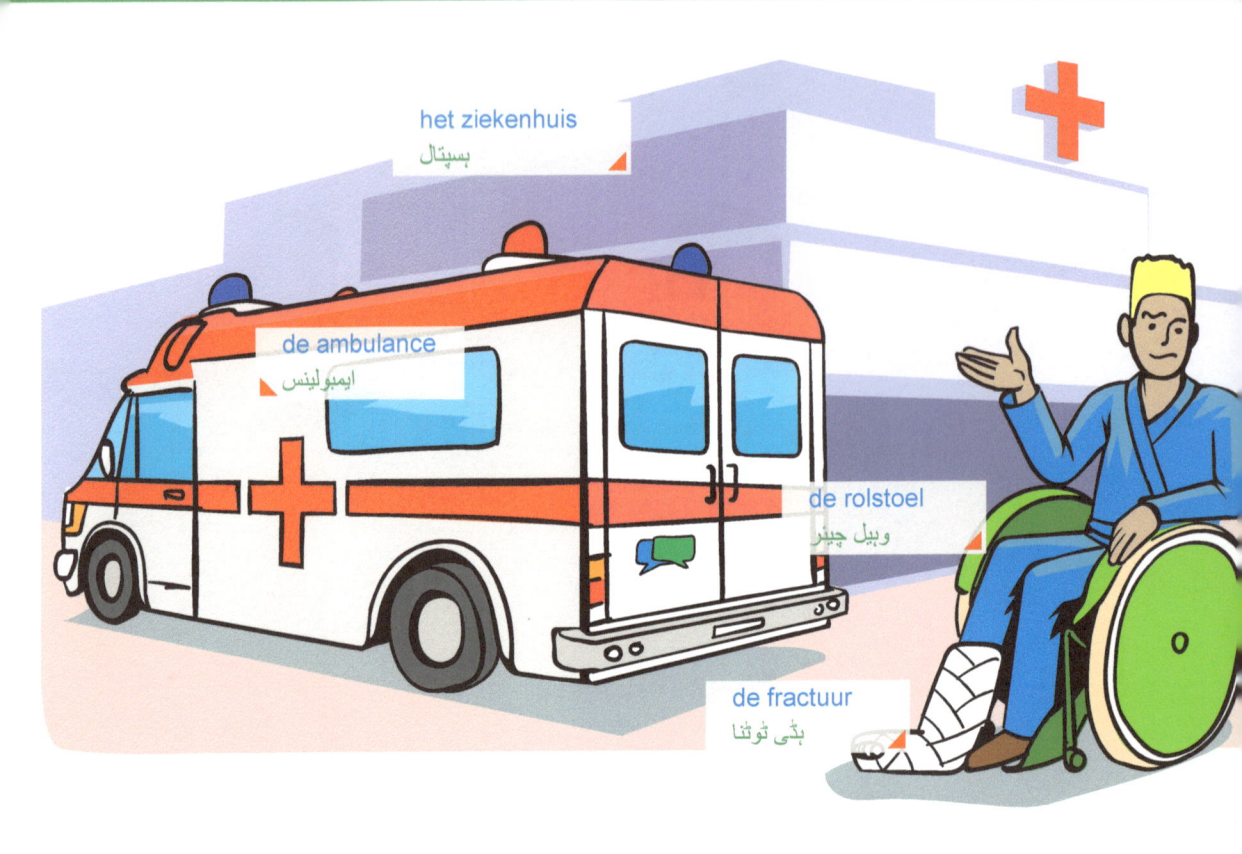

de dokter
ڈاکٹر

de EHBO
ہنگامی کمرہ

de verpleegster
نرس

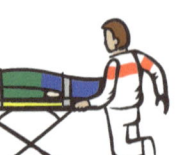

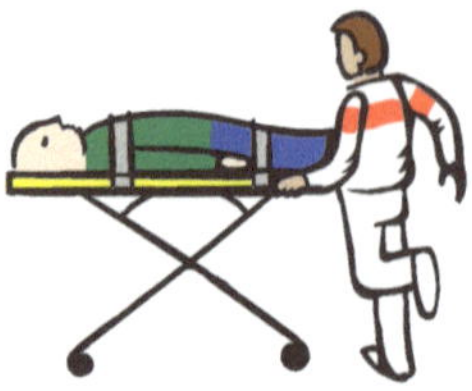

het noodgeval
ہنگامی صورتحال

bewusteloos
بےہوش

de pijn
درد

72   het ziekenhuis - هسپتال

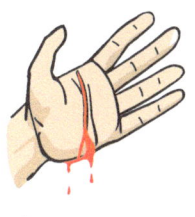

de verwonding	de bloeding	de hartaanval
زخم	خون بہنا	دل کا دورہ
de beroerte	de allergie	de hoest
فالج	الرجی	کھانسی
de koorts	de griep	de diarree
بخار	زکام	اسہال
de hoofdpijn	de kanker	de diabetes
سردرد	کینسر	ذیابیطس
de chirurg	het scalpel	de operatie
سرجن	نشتر	آپریشن

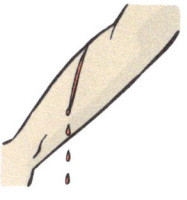

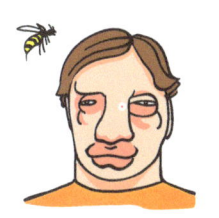

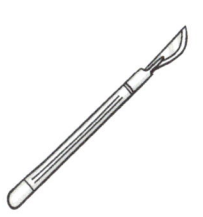

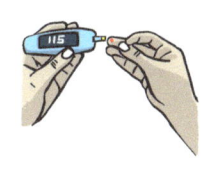

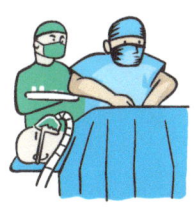

het ziekenhuis - بسپتال

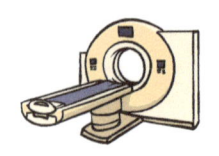

de CT	de röntgen	de echografie
سی ٹی	ایکس رے	الٹراساؤنڈ

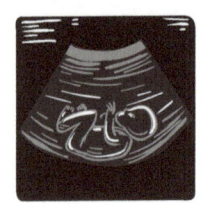

het gezichtsmasker	de ziekte	de wachtkamer
چہرے کا نقاب	بیماری	انتظارگاہ

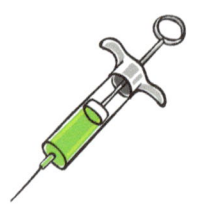

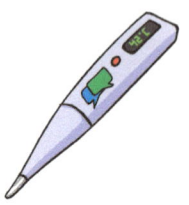

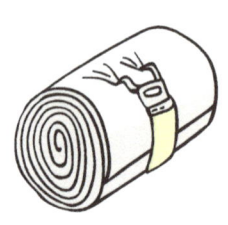

de kruk	de pleister	het verband
بیساکھی	پلاسٹر	پٹی

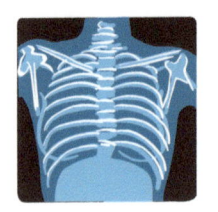

de injectie	de stethoscoop	de brancard
انجکشن	اسٹیتھواسکوپ	اسٹریچر

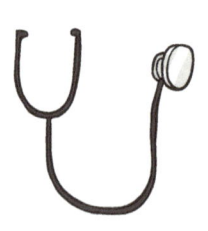

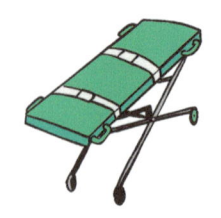

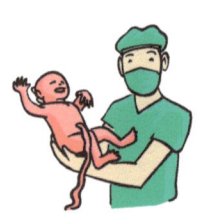

de thermometer	de geboorte	het overgewicht
مطبی تھرما میٹر	پیدائش	حد سےزیادہ وزن

het ziekenhuis - ہسپتال

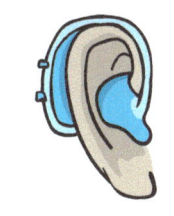

het gehoorapparaat	het ontsmettingsmiddel	de infectie
آلہ سماعت	جراثیم کش	انفیکشن
het virus	(de) HIV / AIDS	het medicijn
وائرس	ایچ آئی وی/ ایڈز	دوا
de inenting	de tabletten	de pil
ویکسی نیشن	گولیاں	گولی
het alarmnummer	de bloeddrukmeter	ziek / gezond
ہنگامی کال	بلڈ پریشرمانیٹر	بیمار/ صحتمند

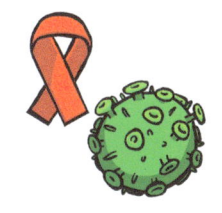

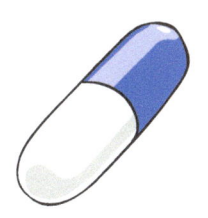

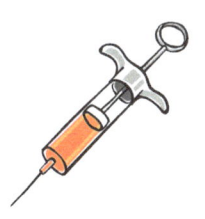

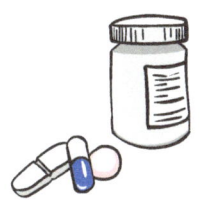

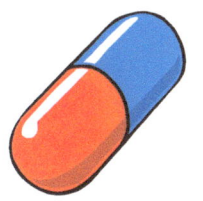

het ziekenhuis - ہسپتال   75

het noodgeval
ہنگامی صورتحال

Help! مدد!	het alarm الارم	de overval مُجرمانہ حملہ
de aanval حملہ	het gevaar خطرہ	de nooduitgang ہنگامی راستہ
Brand! آگ!	de brandblusser آگ بُجھانےوالہ آلہ	het ongeluk حادثہ
de EHBO-koffer ابتدائی طبی امداد کی کٹ	 SOS ایس او ایس	de politie پولیس

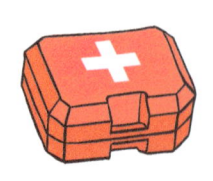

het noodgeval - ہنگامی صورتحال

de aarde

زمین

Europa

یورپ

Noord-Amerika

شمالی امریکہ

Zuid-Amerika

جنوبی امریکہ

Afrika

افریقہ

Azië

ایشیا

Australië

آسٹریلیا

e Atlantische Oceaan

بحراوقیانوس

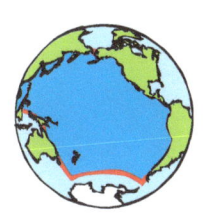

de Stille Oceaan

بحرالکاہل

de Indische Oceaan

بحرہند

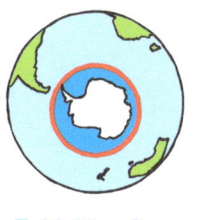

e Zuidelijke Oceaan

بحرقُطب جنوبی

de Noordelijke IJszee

بحرقُطب شمالی

de Noordpool

قُطب شمالی

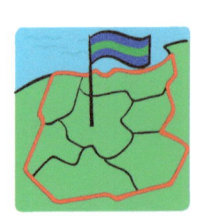

de Zuidpool	**Antarctica**	**de aarde**
قُطب جنوبی	انٹارکٹیکا	زمین
het land	**de zee**	**het eiland**
زمین	سمندر	جزیرہ
de natie	**de staat**	
قوم	ریاست	

de klok
کلاک

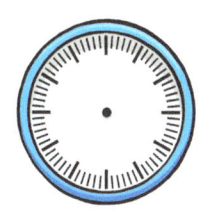

de wijzerplaat
کلاک کا سامنے کا حصہ

de uurwijzer
گھنٹوں والی سوئی

de minutenwijzer
منٹوں والی سوئی

de secondewijzer
سیکنڈ ہینڈ

Hoe laat is het?
کیا وقت ہوا ہے؟

de dag
دن

de tijd
وقت

nu
اب

het digitaal horloge
ڈیجیٹل گھڑی

de minuut
منٹ

het uur
گھنٹہ

de klok - کلاک

79

de week
هفته

maandag / سوموار
dinsdag / منگلوار
woensdag / بدھوار
donderdag / جمعرات
vrijdag / جمعہ
zaterdag / ہفتہ
zondag / اتوار

gisteren — گزرا کل 
vandaag — آج 
morgen — کل

de ochtend — صبح 
de middag — دوپہر 
de avond — شام

de werkdagen — کاروباری دن
het weekend — ہفتے کا اختتام 

80   de week - هفته

het jaar
سال

de regen
بارش

de regenboog
قوس قزح

de sneeuw
برف

de wind
ہوا

het voorjaar
بہار

de herfst
خزاں

de zomer
موسم گرما

de winter
موسم سرما

het weerbericht

موسمی پیش گوئی

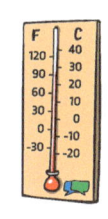

de thermometer

تھرما میٹر

de zonneschijn

دھوپ

de wolk

بادل

de mist

دُھند

de luchtvochtigheid

حبس

het jaar - سال

de bliksem
بجلی کوندھنا

de donder
بادلوں کی گرج

de storm
طوفان

de hagel
ژالہ باری

de moesson
مون سون

de overstroming
سیلاب

het ijs
برف

januari
جنوری

februari
فروری

maart
مارچ

april
اپریل

mei
مئی

juni
جون

juli
جولائی

augustus
اگست

82　　　het jaar - سال

september

ستمبر

oktober

اکتوبر

november

نومبر

december

دسمبر

de vormen

اشکال

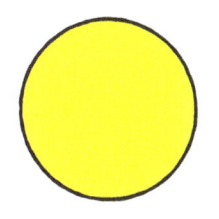

de cirkel

دائره

het vierkant

چوکور

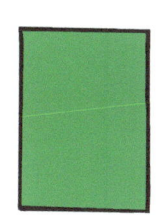

de rechthoek

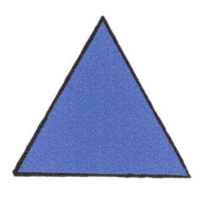

مُستطیل

de driehoek

تکون

de bol

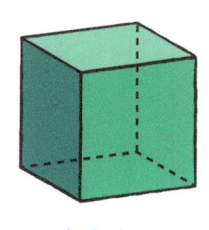

گره

de kubus

مکعب

de kleuren

رنگ

wit

سفید

geel

پیلا

oranje

نارنجی

roze

گلابی

rood

سُرخ

paars

جامنی

blauw

نیلا

groen

سبز

bruin

بهورا

grijs

مٹیالا

zwart

سیاه

de tegenstellingen
مخالف

veel / weinig
بہت زیادہ / بہت کم

boos / rustig
ناراض / پُرسکون

mooi / lelijk
خوبصورت / بدصورت

begin / einde
أغاز / اختتام

groot / klein
بڑا / چھوٹا

licht / donker
روشن / اندھیرا

broer / zus
بھائی / بہن

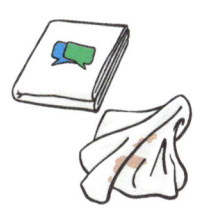

schoon / vies
صاف / گندا

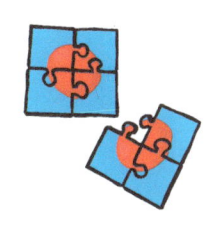

volledig / onvolledig
مکمل / نامکمل

dag / nacht
دن / رات

dood / levend
زندہ / مُردہ

breed / smal
چوڑا / تنگ

de tegenstellingen - مخالف

85

eetbaar / oneetbaar	gemeen / aardig	opgewonden / verveeld
کھانے کے قابل ہونا / کھانے کے قابل نہ ہونا	بُرا / اچھا	پُرجوش / بوریت کا شکار
dik / dun	eerste / laatste	vriend / vijand
موٹا / دُبلا	پہلا / آخری	دوست / دُشمن
vol / leeg	hard / zacht	zwaar / licht
بھرا ہوا / خالی	سخت / نرم	بوجھل / ہلکا
honger / dorst	ziek / gezond	illegaal / legaal
بھوک / پیاس	بیمار / صحت مند	غیرقانونی / قانونی
intelligent / dom	links / rechts	dichtbij / ver
عقلمند / بیوقوف	بائیں / دائیں	نزدیک / دور

86   de tegenstellingen - مخالف

nieuw / gebruikt	niets / iets	oud / jong
نیا / پُرانا	کچھ نہیں / کچھ ہے	بوڑھا / نوجوان
aan / uit	open / gesloten	zacht / luid
ان / آف	کھلا / بند	خاموش / بُلند آواز
rijk / arm	goed / fout	ruw / glad
امیر / غریب	ٹھیک / غلط	کھُردرا / ہموار
verdrietig / gelukkig	kort / lang	langzaam / snel
افسردہ / خوش	مُختصر / طویل	آہستہ / تیز
nat / droog	warm / koel	oorlog / vrede
گیلا / خُشک	گرم / ٹھنڈا	جنگ / امن

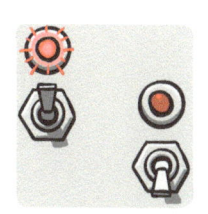

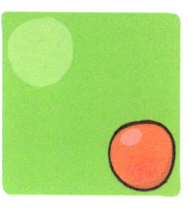

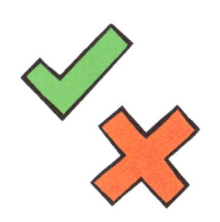

de tegenstellingen - مخالف

87

de getallen
اعداد

0
nul
صفر

1
één
ایک

2
twee
دو

3
drie
تین

4
vier
چار

5
vijf
پانچ

6
zes
چھ

7
zeven
سات

8
acht
آٹھ

9
negen
نو

10
tien
دس

11
elf
گیارہ

12	13	14
twaalf	dertien	veertien
باره	تیره	چوده
15	16	17
vijftien	zestien	zeventien
پندره	سولہ	ستره
18	19	20
achttien	negentien	twintig
اٹھاره	انیس	بیس
100	1.000	1.000.000
honderd	duizend	miljoen
سو	ہزار	دس لاکھ

de getallen - اعداد

de talen
زبانیں

Engels
انگریزی

Amerikaans Engels
امریکی انگریزی

Chinees Mandarijn
چینی مینڈارین

Hindi
ہندی

Spaans
ہسپانوی

Frans
فرانسیسی

Arabisch
عربی

Russisch
روسی

Portugees
پُرتگالی

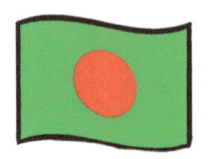

Bengalees
بنگالی

Duits
جرمن

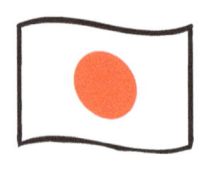

Japans
جاپانی

wie / wat / hoe
کون / کیا / کیسے

ik	jij	hij / zij / het
میں	تم	وہ (لڑکا) / وہ (لڑکی) / یہ
wij	jullie	zij
ہم	تم	وہ
wie?	wat?	hoe?
کون؟	کیا؟	کیسے؟
waar?	wanneer?	de naam
کہاں؟	کب؟	نام

wie / wat / hoe - کون / کیا / کیسے

91

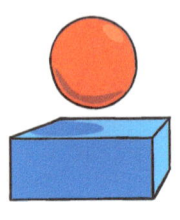

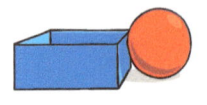

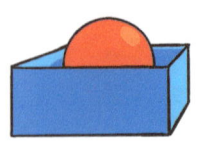

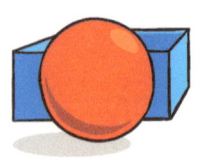

waar
کہاں

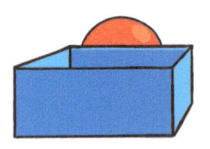

achter	in	voor
پیچھے	میں	کے سامنے
boven	op	onder
اوپر	پر	نیچے
naast	tussen	plaats
ساتھ	درمیان	جگہ

www.ingramcontent.com/pod-product-compliance
Ingram Content Group UK Ltd.
Pitfield, Milton Keynes, MK11 3LW, UK
UKHW050332140325
456118UK00001B/3
* 9 7 8 3 7 4 9 8 3 9 4 4 5 *